2021 - 2022

2-Year Weekly & Monthly Planner/ Appointment Book

I. S. Anderson

2021 - 2022

2-Year Weekly & Monthly Planner/

Appointment Book

ISBN-10: 1-947399-24-1

ISBN-13: 978-1-947399-24-2

For more information regarding this publication, contact: **nahjpress@outlookcom**

First Printing, 2020

2021 - 2022

2-Year Weekly & Monthly Planner/ Appointment Book

Belongs To:

____

2021

JANUARY

S	M	T	W	T	F	S
					1	2
3	4	5	6	7	8	9
10	11	12	13	14	15	16
17	18	19	20	21	22	23
24	25	26	27	28	29	30
31						

FEBRUARY

S	M	T	W	T	F	S
	1	2	3	4	5	6
7	8	9	10	11	12	13
14	15	16	17	18	19	20
21	22	23	24	25	26	27
28						

MARCH

S	M	T	W	T	F	S
	1	2	3	4	5	6
7	8	9	10	11	12	13
14	15	16	17	18	19	20
21	22	23	24	25	26	27
28	29	30	31			

APRIL

S	M	T	W	T	F	S
				1	2	3
4	5	6	7	8	9	10
11	12	13	14	15	16	17
18	19	20	21	22	23	24
25	26	27	28	29	30	

MAY

S	M	T	W	T	F	S
						1
2	3	4	5	6	7	8
9	10	11	12	13	14	15
16	17	18	19	20	21	22
23	24	25	26	27	28	29
30	31					

JUNE

S	M	T	W	T	F	S
		1	2	3	4	5
6	7	8	9	10	11	12
13	14	15	16	17	18	19
20	21	22	23	24	25	26
27	28	29	30			

JULY

S	M	T	W	T	F	S
				1	2	3
4	5	6	7	8	9	10
11	12	13	14	15	16	17
18	19	20	21	22	23	24
25	26	27	28	29	30	31

AUGUST

S	M	T	W	T	F	S
1	2	3	4	5	6	7
8	9	10	11	12	13	14
15	16	17	18	19	20	21
22	23	24	25	26	27	28
29	30	31				

SEPTEMBER

S	M	T	W	T	F	S
			1	2	3	4
5	6	7	8	9	10	11
12	13	14	15	16	17	18
19	20	21	22	23	24	25
26	27	28	29	30		

OCTOBER

S	M	T	W	T	F	S
					1	2
3	4	5	6	7	8	9
10	11	12	13	14	15	16
17	18	19	20	21	22	23
24	25	26	27	28	29	30
31						

NOVEMBER

S	M	T	W	T	F	S
	1	2	3	4	5	6
7	8	9	10	11	12	13
14	15	16	17	18	19	20
21	22	23	24	25	26	27
28	29	30				

DECEMBER

S	M	T	W	T	F	S
			1	2	3	4
5	6	7	8	9	10	11
12	13	14	15	16	17	18
19	20	21	22	23	24	25
26	27	28	29	30	31	

2022

JANUARY

S	M	T	W	T	F	S
						1
2	3	4	5	6	7	8
9	10	11	12	13	14	15
16	17	18	19	20	21	22
23	24	25	26	27	28	29
30	31					

FEBRUARY

S	M	T	W	T	F	S
		1	2	3	4	5
6	7	8	9	10	11	12
13	14	15	16	17	18	19
20	21	22	23	24	25	26
27	28					

MARCH

S	M	T	W	T	F	S
		1	2	3	4	5
6	7	8	9	10	11	12
13	14	15	16	17	18	19
20	21	22	23	24	25	26
27	28	29	30	31		

APRIL

S	M	T	W	T	F	S
					1	2
3	4	5	6	7	8	9
10	11	12	13	14	15	16
17	18	19	20	21	22	23
24	25	26	27	28	29	30

MAY

S	M	T	W	T	F	S
1	2	3	4	5	6	7
8	9	10	11	12	13	14
15	16	17	18	19	20	21
22	23	24	25	26	27	28
29	30	31				

JUNE

S	M	T	W	T	F	S
			1	2	3	4
5	6	7	8	9	10	11
12	13	14	15	16	17	18
19	20	21	22	23	24	25
26	27	28	29	30		

JULY

S	M	T	W	T	F	S
					1	2
3	4	5	6	7	8	9
10	11	12	13	14	15	16
17	18	19	20	21	22	23
24	25	26	27	28	29	30
31						

AUGUST

S	M	T	W	T	F	S
	1	2	3	4	5	6
7	8	9	10	11	12	13
14	15	16	17	18	19	20
21	22	23	24	25	26	27
28	29	30	31			

SEPTEMBER

S	M	T	W	T	F	S
				1	2	3
4	5	6	7	8	9	10
11	12	13	14	15	16	17
18	19	20	21	22	23	24
25	26	27	28	29	30	

OCTOBER

S	M	T	W	T	F	S
						1
2	3	4	5	6	7	8
9	10	11	12	13	14	15
16	17	18	19	20	21	22
23	24	25	26	27	28	29
30	31					

NOVEMBER

S	M	T	W	T	F	S
		1	2	3	4	5
6	7	8	9	10	11	12
13	14	15	16	17	18	19
20	21	22	23	24	25	26
27	28	29	30			

DECEMBER

S	M	T	W	T	F	S
				1	2	3
4	5	6	7	8	9	10
11	12	13	14	15	16	17
18	19	20	21	22	23	24
25	26	27	28	29	30	31

2023

JANUARY

S	M	T	W	T	F	S
1	2	3	4	5	6	7
8	9	10	11	12	13	14
15	16	17	18	19	20	21
22	23	24	25	26	27	28
29	30	31				

FEBRUARY

S	M	T	W	T	F	S
			1	2	3	4
5	6	7	8	9	10	11
12	13	14	15	16	17	18
19	20	21	22	23	24	25
26	27	28				

MARCH

S	M	T	W	T	F	S
			1	2	3	4
5	6	7	8	9	10	11
12	13	14	15	16	17	18
19	20	21	22	23	24	25
26	27	28	29	30	31	

APRIL

S	M	T	W	T	F	S
						1
2	3	4	5	6	7	8
9	10	11	12	13	14	15
16	17	18	19	20	21	22
23	24	25	26	27	28	29
30						

MAY

S	M	T	W	T	F	S
	1	2	3	4	5	6
7	8	9	10	11	12	13
14	15	16	17	18	19	20
21	22	23	24	25	26	27
28	29	30	31			

JUNE

S	M	T	W	T	F	S
				1	2	3
4	5	6	7	8	9	10
11	12	13	14	15	16	17
18	19	20	21	22	23	24
25	26	27	28	29	30	

JULY

S	M	T	W	T	F	S
						1
2	3	4	5	6	7	8
9	10	11	12	13	14	15
16	17	18	19	20	21	22
23	24	25	26	27	28	29
30	31					

AUGUST

S	M	T	W	T	F	S
		1	2	3	4	5
6	7	8	9	10	11	12
13	14	15	16	17	18	19
20	21	22	23	24	25	26
27	28	29	30	31		

SEPTEMBER

S	M	T	W	T	F	S
					1	2
3	4	5	6	7	8	9
10	11	12	13	14	15	16
17	18	19	20	21	22	23
24	25	26	27	28	29	30

OCTOBER

S	M	T	W	T	F	S
1	2	3	4	5	6	7
8	9	10	11	12	13	14
15	16	17	18	19	20	21
22	23	24	25	26	27	28
29	30	31				

NOVEMBER

S	M	T	W	T	F	S
			1	2	3	4
5	6	7	8	9	10	11
12	13	14	15	16	17	18
19	20	21	22	23	24	25
26	27	28	29	30		

DECEMBER

S	M	T	W	T	F	S
					1	2
3	4	5	6	7	8	9
10	11	12	13	14	15	16
17	18	19	20	21	22	23
24	25	26	27	28	29	30
31						

2021

January	February	March	April	May	June
1 F	1 M	1 M	1 T	1 S	1 T
2 S	2 T	2 T	2 F	2 S	2 W
3 S	3 W	3 W	3 S	3 M	3 T
4 M	4 T	4 T	4 S	4 T	4 F
5 T	5 F	5 F	5 M	5 W	5 S
6 W	6 S	6 S	6 T	6 T	6 S
7 T	7 S	7 S	7 W	7 F	7 M
8 F	8 M	8 M	8 T	8 S	8 T
9 S	9 T	9 T	9 F	9 S	9 W
10 S	10 W	10 W	10 S	10 M	10 T
11 M	11 T	11 T	11 S	11 T	11 F
12 T	12 F	12 F	12 M	12 W	12 S
13 W	13 S	13 S	13 T	13 T	13 S
14 T	14 S	14 S	14 W	14 F	14 M
15 F	15 M	15 M	15 T	15 S	15 T
16 S	16 T	16 T	16 F	16 S	16 W
17 S	17 W	17 W	17 S	17 M	17 T
18 M	18 T	18 T	18 S	18 T	18 F
19 T	19 F	19 F	19 M	19 W	19 S
20 W	20 S	20 S	20 T	20 T	20 S
21 T	21 S	21 S	21 W	21 F	21 M
22 F	22 M	22 M	22 T	22 S	22 T
23 S	23 T	23 T	23 F	23 S	23 W
24 S	24 W	24 W	24 S	24 M	24 T
25 M	25 T	25 T	25 S	25 T	25 F
26 T	26 F	26 F	26 M	26 W	26 S
27 W	27 S	27 S	27 T	27 T	27 S
28 T	28 S	28 S	28 W	28 F	28 M
29 F		29 M	29 T	29 S	29 T
30 S		30 T	30 F	30 S	30 W
31 S		31 W		31 M	

2021

July	August	September	October	November	December
1 T	1 S	1 W	1 F	1 M	1 W
2 F	2 M	2 T	2 S	2 T	2 T
3 S	3 T	3 F	3 S	3 W	3 F
4 S	4 W	4 S	4 M	4 T	4 S
5 M	5 T	5 S	5 T	5 F	5 S
6 T	6 F	6 M	6 W	6 S	6 M
7 W	7 S	7 T	7 T	7 S	7 T
8 T	8 S	8 W	8 F	8 M	8 W
9 F	9 M	9 T	9 S	9 T	9 T
10 S	10 T	10 F	10 S	10 W	10 F
11 S	11 W	11 S	11 M	11 T	11 S
12 M	12 T	12 S	12 T	12 F	12 S
13 T	13 F	13 M	13 W	13 S	13 M
14 W	14 S	14 T	14 T	14 S	14 T
15 T	15 S	15 W	15 F	15 M	15 W
16 F	16 M	16 T	16 S	16 T	16 T
17 S	17 T	17 F	17 S	17 W	17 F
18 S	18 W	18 S	18 M	18 T	18 S
19 M	19 T	19 S	19 T	19 F	19 S
20 T	20 F	20 M	20 W	20 S	20 M
21 W	21 S	21 T	21 T	21 S	21 T
22 T	22 S	22 W	22 F	22 M	22 W
23 F	23 M	23 T	23 S	23 T	23 T
24 S	24 T	24 F	24 S	24 W	24 F
25 S	25 W	25 S	25 M	25 T	25 S
26 M	26 T	26 S	26 T	26 F	26 S
27 T	27 F	27 M	27 W	27 S	27 M
28 W	28 S	28 T	28 T	28 S	28 T
29 T	29 S	29 W	29 F	29 M	29 W
30 F	30 M	30 T	30 S	30 T	30 T
31 S	31 T		31 S		31 F

JANUARY 2021

SUNDAY	MONDAY	TUESDAY	WEDNESDAY
3	4	5	6
10	11	12	13
17	18	19	20
	Martin Luther King Jr. Day		
24	25	26	27
31			

DECEMBER 2020

S	M	T	W	T	F	S
		1	2	3	4	5
6	7	8	9	10	11	12
13	14	15	16	17	18	19
20	21	22	23	24	25	26
27	28	29	30	31		

JANUARY

S	M	T	W	T	F	S
					1	2
3	4	5	6	7	8	9
10	11	12	13	14	15	16
17	18	19	20	21	22	23
24	25	26	27	28	29	30
31						

FEBRUARY

S	M	T	W	T	F	S
	1	2	3	4	5	6
7	8	9	10	11	12	13
14	15	16	17	18	19	20
21	22	23	24	25	26	27
28						

THURSDAY	FRIDAY	SATURDAY	NOTES
	1 New Year's Day	2	
7	8	9	
14	15	16	
21	22	23	
28	29	30	
□	□	□	
□	□	□	
□	□	□	
□	□	□	
□	□	□	

S	M	T	W	T	F	S
		1	2	3	4	5
6	7	8	9	10	11	12
13	14	15	16	17	18	19
20	21	22	23	24	25	26
27	28	29	30	31		

MON 28   TUE 29   WED 30

THU 31	FRI New Year's Day 1	SAT 2	SUN 3
12			
1			
2			
3			
4			
5			
6			
7			
8			
9			
10			
11			
12			
1			
2			
3			
4			
5			
6			
7			
8			
9			
10			
11			

S	M	T	W	T	F	S
					1	2
3	4	5	6	7	8	9
10	11	12	13	14	15	16
17	18	19	20	21	22	23
24	25	26	27	28	29	30

12
1
2
3
.
4
5
6
7
8
9
10
11
12
1
2
3
4
5
6
7
8
9
10
11

MON	4	TUE	5	WED	6

<table>
<tr><td>THU 7</td><td>FRI 8</td><td>SAT 9</td><td>SUN 10</td></tr>
</table>

	THU 7	FRI 8	SAT 9	SUN 10
12				
1				
2				
3				
4				
5				
6				
7				
8				
9				
10				
11				
12				
1				
2				
3				
4				
5				
6				
7				
8				
9				
10				
11				

JAN 2021

S	M	T	W	T	F	S
					1	2
3	4	5	6	7	8	9
10	11	12	13	14	15	16
17	18	19	20	21	22	23
24	25	26	27	28	29	30

MON	11	TUE	12	WED	13

THU 14	FRI 15	SAT 16	SUN 17

12 1 2 3 4 5 6 7 8 9 10 11 12 1 2 3 4 5 6 7 8 9 10 11

S	M	T	W	T	F	S
					1	2
3	4	5	6	7	8	9
10	11	12	13	14	15	16
17	18	19	20	21	22	23
24	25	26	27	28	29	30

	MON Martin Luther King Day 18	TUE 19	WED 20
12			
1			
2			
3			
4			
5			
6			
7			
8			
9			
10			
11			
12			
1			
2			
3			
4			
5			
6			
7			
8			
9			
10			
11			

12
1
2
3
4
5
6
7
8
9
10
11
12
1
2
3
4
5
6
7
8
9
10
11

JAN 2021

S	M	T	W	T	F	S
					1	2
3	4	5	6	7	8	9
10	11	12	13	14	15	16
17	18	19	20	21	22	23
24	25	26	27	28	29	30

	MON 25	TUE 26	WED 27
12			
1			
2			
3			
4			
5			
6			
7			
8			
9			
10			
11			
12			
1			
2			
3			
4			
5			
6			
7			
8			
9			
10			
11			

<table>
<tr><td>THU</td><td>28</td><td>FRI</td><td>29</td><td>SAT</td><td>30</td><td>SUN</td><td>31</td></tr>
</table>

12
1
2
3
4
5
6
7
8
9
10
11
12
1
2
3
4
5
6
7
8
9
10
11

FEBRUARY 2021

SUNDAY	MONDAY	TUESDAY	WEDNESDAY
	1	2	3
7	8	9	10
14	15 Presidents' Day	16	17
21	22	23	24
28			

JANUARY

S	M	T	W	T	F	S
					1	2
3	4	5	6	7	8	9
10	11	12	13	14	15	16
17	18	19	20	21	22	23
24	25	26	27	28	29	30
31						

FEBRUARY

S	M	T	W	T	F	S
	1	2	3	4	5	6
7	8	9	10	11	12	13
14	15	16	17	18	19	20
21	22	23	24	25	26	27
28						

MARCH

S	M	T	W	T	F	S
	1	2	3	4	5	6
7	8	9	10	11	12	13
14	15	16	17	18	19	20
21	22	23	24	25	26	27
28	29	30	31			

THURSDAY	FRIDAY	SATURDAY	NOTES
4	5	6	
11	12	13	
18	19	20	
25	26	27	

FEB   2021

S	M	T	W	T	F	S
	1	2	3	4	5	6
7	8	9	10	11	12	13
14	15	16	17	18	19	20
21	22	23	24	25	26	27
28						

MON	1	TUE	2	WED	3

12
1
2
3
.
4
5
6
7
8
9
10
11
12
1
2
3
4
5
6
7
8
9
10
11

| THU | 4 | FRI | 5 | SAT | 6 | SUN | 7 |

12
1
2
3
4
5
6
7
8
9
10
11
12
1
2
3
4
5
6
7
8
9
10
11

S	M	T	W	T	F	S
	1	2	3	4	5	6
7	8	9	10	11	12	13
14	15	16	17	18	19	20
21	22	23	24	25	26	27
28						

MON 8　TUE 9　WED 10

12
1
2
3
.
4
5
6
7
8
9
10
11
12
1
2
3
4
5
6
7
8
9
10
11

THU 11	FRI 12	SAT 13	SUN 14

12
1
2
3
4
5
6
7
8
9
10
11
12
1
2
3
4
5
6
7
8
9
10
11

FEB 2021

S	M	T	W	T	F	S
	1	2	3	4	5	6
7	8	9	10	11	12	13
14	15	16	17	18	19	20
21	22	23	24	25	26	27
28						

12
1
2
3
.
4
5
6
7
8
9
10
11
12
1
2
3
4
5
6
7
8
9
10
11

MON Presidents' Day 15

TUE 16

WED 17

THU	18	FRI	19	SAT	20	SUN	21

12
1
2
3
4
5
6
7
8
9
10
11
12
1
2
3
4
5
6
7
8
9
10
11

S	M	T	W	T	F	S
	1	2	3	4	5	6
7	8	9	10	11	12	13
14	15	16	17	18	19	20
21	22	23	24	25	26	27
28						

MON	22	TUE	23	WED	24

12
1
2
3
.
4
5
6
7
8
9
10
11
12
1
2
3
4
5
6
7
8
9
10
11

THU 25	FRI 26	SAT 27	SUN 28

12
1
2
3
4
5
6
7
8
9
10
11
12
1
2
3
4
5
6
7
8
9
10
11

MARCH 2021

SUNDAY	MONDAY	TUESDAY	WEDNESDAY
	1	2	3
7	8	9	10
14	15	16	17
21	22	23	24
28	29	30	31

FEBRUARY

S	M	T	W	T	F	S
	1	2	3	4	5	6
7	8	9	10	11	12	13
14	15	16	17	18	19	20
21	22	23	24	25	26	27
28						

MARCH

S	M	T	W	T	F	S
	1	2	3	4	5	6
7	8	9	10	11	12	13
14	15	16	17	18	19	20
21	22	23	24	25	26	27
28	29	30	31			

APRIL

S	M	T	W	T	F	S
				1	2	3
4	5	6	7	8	9	10
11	12	13	14	15	16	17
18	19	20	21	22	23	24
25	26	27	28	29	30	

THURSDAY	FRIDAY	SATURDAY	NOTES
4	5	6	
11	12	13	
18	19	20	
25	26	27	

MAR 2021

S	M	T	W	T	F	S
	1	2	3	4	5	6
7	8	9	10	11	12	13
14	15	16	17	18	19	20
21	22	23	24	25	26	27
28	29	30	31			

	MON 1	TUE 2	WED 3
12			
1			
2			
3			
4			
5			
6			
7			
8			
9			
10			
11			
12			
1			
2			
3			
4			
5			
6			
7			
8			
9			
10			
11			

12
1
2
3
4
5
6
7
8
9
10
11
12
1
2
3
4
5
6
7
8
9
10
11

MAR 2021

S	M	T	W	T	F	S
	1	2	3	4	5	6
7	8	9	10	11	12	13
14	15	16	17	18	19	20
21	22	23	24	25	26	27
28	29	30	31			

MON 8

TUE 9

WED 10

THU	11	FRI	12	SAT	13	SUN	14

S	M	T	W	T	F	S
	1	2	3	4	5	6
7	8	9	10	11	12	13
14	15	16	17	18	19	20
21	22	23	24	25	26	27
28	29	30	31			

	MON 15	TUE 16	WED 17
12			
1			
2			
3			
4			
5			
6			
7			
8			
9			
10			
11			
12			
1			
2			
3			
4			
5			
6			
7			
8			
9			
10			
11			

THU	18	FRI	19	SAT	20	SUN	21

12
1
2
3
4
5
6
7
8
9
10
11
12
1
2
3
4
5
6
7
8
9
10
11

| **MAR** | | | | | | **2021** | MON | 22 | TUE | 23 | WED | 24 |

S	M	T	W	T	F	S
	1	2	3	4	5	6
7	8	9	10	11	12	13
14	15	16	17	18	19	20
21	22	23	24	25	26	27
28	29	30	31			

12
1
2
3
.
4
5
6
7
8
9
10
11
12
1
2
3
4
5
6
7
8
9
10
11

<table>
<tr><td>THU 25</td><td>FRI 26</td><td>SAT 27</td><td>SUN 28</td></tr>
</table>

12
1
2
3
4
5
6
7
8
9
10
11
12
1
2
3
4
5
6
7
8
9
10
11

MAR 2021

S	M	T	W	T	F	S
	1	2	3	4	5	6
7	8	9	10	11	12	13
14	15	16	17	18	19	20
21	22	23	24	25	26	27
28	29	30	31			

MON 29	TUE 30	WED 31

12
1
2
3
.
4
5
6
7
8
9
10
11
12
1
2
3
4
5
6
7
8
9
10
11

THU	1	FRI	2	SAT	3	SUN	4
12							
1							
2							
3							
4							
5							
6							
7							
8							
9							
10							
11							
12							
1							
2							
3							
4							
5							
6							
7							
8							
9							
10							
11							

APRIL 2021

SUNDAY	MONDAY	TUESDAY	WEDNESDAY
4	5	6	7
11	12	13	14
18	19	20	21
25	26	27	28

MARCH

S	M	T	W	T	F	S
	1	2	3	4	5	6
7	8	9	10	11	12	13
14	15	16	17	18	19	20
21	22	23	24	25	26	27
28	29	30	31			

APRIL

S	M	T	W	T	F	S
				1	2	3
4	5	6	7	8	9	10
11	12	13	14	15	16	17
18	19	20	21	22	23	24
25	26	27	28	29	30	

MAY

S	M	T	W	T	F	S
						1
2	3	4	5	6	7	8
9	10	11	12	13	14	15
16	17	18	19	20	21	22
23	24	25	26	27	28	29
30	31					

THURSDAY	FRIDAY	SATURDAY	NOTES
1	2	3	
8	9	10	
15	16	17	
22	23	24	
29	30		

APR 2021

S	M	T	W	T	F	S
				1	2	3
4	5	6	7	8	9	10
11	12	13	14	15	16	17
18	19	20	21	22	23	24
25	26	27	28	29	30	

Time	MON 5	TUE 6	WED 7
12			
1			
2			
3			
4			
5			
6			
7			
8			
9			
10			
11			
12			
1			
2			
3			
4			
5			
6			
7			
8			
9			
10			
11			

THU 8	FRI 9	SAT 10	SUN 11
12			
1			
2			
3			
4			
5			
6			
7			
8			
9			
10			
11			
12			
1			
2			
3			
4			
5			
6			
7			
8			
9			
10			
11			

S	M	T	W	T	F	S
				1	2	3
4	5	6	7	8	9	10
11	12	13	14	15	16	17
18	19	20	21	22	23	24
25	26	27	28	29	30	

12
1
2
3
.
4
5
6
7
8
9
10
11
12
1
2
3
4
5
6
7
8
9
10
11

<table>
<tr><td>THU 15</td><td>FRI 16</td><td>SAT 17</td><td>SUN 18</td></tr>
</table>

12
1
2
3
4
5
6
7
8
9
10
11
12
1
2
3
4
5
6
7
8
9
10
11

S	M	T	W	T	F	S
				1	2	3
4	5	6	7	8	9	10
11	12	13	14	15	16	17
18	19	20	21	22	23	24
25	26	27	28	29	30	

12
1
2
3
4
5
6
7
8
9
10
11
12
1
2
3
4
5
6
7
8
9
10
11

THU	22	FRI	23	SAT	24	SUN	25

12
1
2
3
4
5
6
7
8
9
10
11
12
1
2
3
4
5
6
7
8
9
10
11

S	M	T	W	T	F	S
				1	2	3
4	5	6	7	8	9	10
11	12	13	14	15	16	17
18	19	20	21	22	23	24
25	26	27	28	29	30	

MON 26	TUE 27	WED 28
12		
1		
2		
3		
4		
5		
6		
7		
8		
9		
10		
11		
12		
1		
2		
3		
4		
5		
6		
7		
8		
9		
10		
11		

THU	29	FRI	30	SAT	1	SUN	2

12
1
2
3
4
5
6
7
8
9
10
11
12
1
2
3
4
5
6
7
8
9
10
11

MAY 2021

SUNDAY	MONDAY	TUESDAY	WEDNESDAY
2	3	4	5
9	10	11	12
16	17	18	19
23	24	25	26
30	31 Memorial Day		

APRIL

S	M	T	W	T	F	S
				1	2	3
4	5	6	7	8	9	10
11	12	13	14	15	16	17
18	19	20	21	22	23	24
25	26	27	28	29	30	

MAY

S	M	T	W	T	F	S
						1
2	3	4	5	6	7	8
9	10	11	12	13	14	15
16	17	18	19	20	21	22
23	24	25	26	27	28	29
30	31					

THURSDAY	FRIDAY	SATURDAY	NOTES
		1	
6	7	8	
13	14	15	
20	21	22	
27	28	29	

S	M	T	W	T	F	S
						1
2	3	4	5	6	7	8
9	10	11	12	13	14	15
16	17	18	19	20	21	22
23	24	25	26	27	28	29

	MON 3	TUE 4	WED 5
12			
1			
2			
3			
4			
5			
6			
7			
8			
9			
10			
11			
12			
1			
2			
3			
4			
5			
6			
7			
8			
9			
10			
11			

| THU | 6 | FRI | 7 | SAT | 8 | SUN | 9 |

12
1
2
3
4
5
6
7
8
9
10
11
12
1
2
3
4
5
6
7
8
9
10
11

THU 13	FRI 14	SAT 15	SUN 16

12
1
2
3
4
5
6
7
8
9
10
11
12
1
2
3
4
5
6
7
8
9
10
11

S	M	T	W	T	F	S
						1
2	3	4	5	6	7	8
9	10	11	12	13	14	15
16	17	18	19	20	21	22
23	24	25	26	27	28	29

MON 17

TUE 18

WED 19

12
1
2
3
.
4
5
6
7
8
9
10
11
12
1
2
3
4
5
6
7
8
9
10
11

THU	20	FRI	21	SAT	22	SUN	23

12
1
2
3
4
5
6
7
8
9
10
11
12
1
2
3
4
5
6
7
8
9
10
11

S	M	T	W	T	F	S
						1
2	3	4	5	6	7	8
9	10	11	12	13	14	15
16	17	18	19	20	21	22
23	24	25	26	27	28	29

12
1
2
3
.
4
5
6
7
8
9
10
11
12
1
2
3
4
5
6
7
8
9
10
11

<table>
<tr><td>THU</td><td>27</td><td>FRI</td><td>28</td><td>SAT</td><td>29</td><td>SUN</td><td>30</td></tr>
</table>

12
1
2
3
4
5
6
7
8
9
10
11
12
1
2
3
4
5
6
7
8
9
10
11

JUNE 2021

SUNDAY	MONDAY	TUESDAY	WEDNESDAY
		1	2
6	7	8	9
13	14	15	16
20	21	22	23
27	28	29	30

MAY

S	M	T	W	T	F	S
						1
2	3	4	5	6	7	8
9	10	11	12	13	14	15
16	17	18	19	20	21	22
23	24	25	26	27	28	29
30	31					

JUNE

S	M	T	W	T	F	S
		1	2	3	4	5
6	7	8	9	10	11	12
13	14	15	16	17	18	19
20	21	22	23	24	25	26
27	28	29	30			

JULY

S	M	T	W	T	F	S
				1	2	3
4	5	6	7	8	9	10
11	12	13	14	15	16	17
18	19	20	21	22	23	24
25	26	27	28	29	30	31

THURSDAY	FRIDAY	SATURDAY	NOTES
3	4	5	
10	11	12	
17	18	19	
24	25	26	

JUNE 2021

S	M	T	W	T	F	S
		1	2	3	4	5
6	7	8	9	10	11	12
13	14	15	16	17	18	19
20	21	22	23	24	25	26
27	28	29	30			

12
1
2
3
.
4
5
6
7
8
9
10
11
12
1
2
3
4
5
6
7
8
9
10
11

MON Memorial Day 31

TUE 1

WED 2

12
1
2
3
4
5
6
7
8
9
10
11
12
1
2
3
4
5
6
7
8
9
10
11

S	M	T	W	T	F	S
		1	2	3	4	5
6	7	8	9	10	11	12
13	14	15	16	17	18	19
20	21	22	23	24	25	26
27	28	29	30			

MON	7	TUE	8	WED	9

12
1
2
3
4
5
6
7
8
9
10
11
12
1
2
3
4
5
6
7
8
9
10
11

THU 10	FRI 11	SAT 12	SUN 13

12
1
2
3
4
5
6
7
8
9
10
11
12
1
2
3
4
5
6
7
8
9
10
11

S	M	T	W	T	F	S
		1	2	3	4	5
6	7	8	9	10	11	12
13	14	15	16	17	18	19
20	21	22	23	24	25	26
27	28	29	30			

12
1
2
3
.
4
5
6
7
8
9
10
11
12
1
2
3
4
5
6
7
8
9
10
11

| THU | 17 | FRI | 18 | SAT | 19 | SUN | 20 |

12
1
2
3
4
5
6
7
8
9
10
11
12
1
2
3
4
5
6
7
8
9
10
11

JUNE 2021

S	M	T	W	T	F	S
		1	2	3	4	5
6	7	8	9	10	11	12
13	14	15	16	17	18	19
20	21	22	23	24	25	26
27	28	29	30			

MON	21	TUE	22	WED	23

THU 24	FRI 25	SAT 26	SUN 27
12			
1			
2			
3			
4			
5			
6			
7			
8			
9			
10			
11			
12			
1			
2			
3			
4			
5			
6			
7			
8			
9			
10			
11			

JULY 2021

SUNDAY	MONDAY	TUESDAY	WEDNESDAY
4 Independence Day	5	6	7
11	12	13	14
18	19	20	21
25	26	27	28

JUNE

S	M	T	W	T	F	S
		1	2	3	4	5
6	7	8	9	10	11	12
13	14	15	16	17	18	19
20	21	22	23	24	25	26
27	28	29	30			

JULY

S	M	T	W	T	F	S
				1	2	3
4	5	6	7	8	9	10
11	12	13	14	15	16	17
18	19	20	21	22	23	24
25	26	27	28	29	30	31

AUGUST

S	M	T	W	T	F	S
1	2	3	4	5	6	7
8	9	10	11	12	13	14
15	16	17	18	19	20	21
22	23	24	25	26	27	28
29	30	31				

THURSDAY	FRIDAY	SATURDAY	NOTES
1	2	3	
8	9	10	
15	16	17	
22	23	24	
29	30	31	

S	M	T	W	T	F	S
				1	2	3
4	5	6	7	8	9	10
11	12	13	14	15	16	17
18	19	20	21	22	23	24
25	26	27	28	29	30	31

12
1
2
3
.
4
5
6
7
8
9
10
11
12
1
2
3
4
5
6
7
8
9
10
11

THU	1	FRI	2	SAT	3	SUN	Independence Day	4
12								
1								
2								
3								
4								
5								
6								
7								
8								
9								
10								
11								
12								
1								
2								
3								
4								
5								
6								
7								
8								
9								
10								
11								

S	M	T	W	T	F	S
				1	2	3
4	5	6	7	8	9	10
11	12	13	14	15	16	17
18	19	20	21	22	23	24
25	26	27	28	29	30	31

Time	MON 5	TUE 6	WED 7
12			
1			
2			
3			
4			
5			
6			
7			
8			
9			
10			
11			
12			
1			
2			
3			
4			
5			
6			
7			
8			
9			
10			
11			

12
1
2
3
4
5
6
7
8
9
10
11
12
1
2
3
4
5
6
7
8
9
10
11

JULY 2021

S	M	T	W	T	F	S
				1	2	3
4	5	6	7	8	9	10
11	12	13	14	15	16	17
18	19	20	21	22	23	24
25	26	27	28	29	30	31

MON 12	TUE 13	WED 14

<table>
<tr><td>THU 15</td><td>FRI 16</td><td>SAT 17</td><td>SUN 18</td></tr>
</table>

12
1
2
3
4
5
6
7
8
9
10
11
12
1
2
3
4
5
6
7
8
9
10
11

S	M	T	W	T	F	S
				1	2	3
4	5	6	7	8	9	10
11	12	13	14	15	16	17
18	19	20	21	22	23	24
25	26	27	28	29	30	31

MON 19

TUE 20

WED 21

12
1
2
3
.
4
5
6
7
8
9
10
11
12
1
2
3
4
5
6
7
8
9
10
11

THU 22	FRI 23	SAT 24	SUN 25
12			
1			
2			
3			
4			
5			
6			
7			
8			
9			
10			
11			
12			
1			
2			
3			
4			
5			
6			
7			
8			
9			
10			
11			

JULY 2021

S	M	T	W	T	F	S
				1	2	3
4	5	6	7	8	9	10
11	12	13	14	15	16	17
18	19	20	21	22	23	24
25	26	27	28	29	30	31

MON 26 TUE 27 WED 28

12
1
2
3
.
4
5
6
7
8
9
10
11
12
1
2
3
4
5
6
7
8
9
10
11

<table>
<tr><td>THU</td><td>29</td><td>FRI</td><td>30</td><td>SAT</td><td>31</td><td>SUN</td><td>1</td></tr>
</table>

12
1
2
3
4
5
6
7
8
9
10
11
12
1
2
3
4
5
6
7
8
9
10
11

AUGUST 2021

SUNDAY	MONDAY	TUESDAY	WEDNESDAY
1	2	3	4
8	9	10	11
15	16	17	18
22	23	24	25
29	30	31	

JULY

S	M	T	W	T	F	S
				1	2	3
4	5	6	7	8	9	10
11	12	13	14	15	16	17
18	19	20	21	22	23	24
25	26	27	28	29	30	31

AUGUST

S	M	T	W	T	F	S
1	2	3	4	5	6	7
8	9	10	11	12	13	14
15	16	17	18	19	20	21
22	23	24	25	26	27	28
29	30	31				

SEPTEMBER

S	M	T	W	T	F	S
			1	2	3	4
5	6	7	8	9	10	11
12	13	14	15	16	17	18
19	20	21	22	23	24	25
26	27	28	29	30		

THURSDAY	FRIDAY	SATURDAY	NOTES
5	6	7	
12	13	14	
19	20	21	
26	27	28	

AUG 2021

S	M	T	W	T	F	S
1	2	3	4	5	6	7
8	9	10	11	12	13	14
15	16	17	18	19	20	21
22	23	24	25	26	27	28
29	30	31				

	MON 2	TUE 3	WED 4
12			
1			
2			
3			
4			
5			
6			
7			
8			
9			
10			
11			
12			
1			
2			
3			
4			
5			
6			
7			
8			
9			
10			
11			

THU	5	FRI	6	SAT	7	SUN	8

12
1
2
3
4
5
6
7
8
9
10
11
12
1
2
3
4
5
6
7
8
9
10
11

S	M	T	W	T	F	S
1	2	3	4	5	6	7
8	9	10	11	12	13	14
15	16	17	18	19	20	21
22	23	24	25	26	27	28
29	30	31				

MON 9   **TUE** 10   **WED** 11

12 1 2 3 · 4 5 6 7 8 9 10 11 12 1 2 3 4 5 6 7 8 9 10 11 1

<table>
<tr><td>THU</td><td>12</td><td>FRI</td><td>13</td><td>SAT</td><td>14</td><td>SUN</td><td>15</td></tr>
</table>

12
1
2
3
4
5
6
7
8
9
10
11
12
1
2
3
4
5
6
7
8
9
10
11

AUG 2021

S	M	T	W	T	F	S
1	2	3	4	5	6	7
8	9	10	11	12	13	14
15	16	17	18	19	20	21
22	23	24	25	26	27	28
29	30	31				

MON 16   TUE 17   WED 18

12
1
2
3
.
4
5
6
7
8
9
10
11
12
1
2
3
4
5
6
7
8
9
10
11

<table>
<tr><td>THU 19</td><td>FRI 20</td><td>SAT 21</td><td>SUN 22</td></tr>
</table>

12
1
2
3
4
5
6
7
8
9
10
11
12
1
2
3
4
5
6
7
8
9
10
11

S	M	T	W	T	F	S
1	2	3	4	5	6	7
8	9	10	11	12	13	14
15	16	17	18	19	20	21
22	23	24	25	26	27	28
29	30	31				

MON	23	TUE	24	WED	25

12
1
2
3
.
4
5
6
7
8
9
10
11
12
1
2
3
4
5
6
7
8
9
10
11

THU	26	FRI	27	SAT	28	SUN	29

12
1
2
3
4
5
6
7
8
9
10
11
12
1
2
3
4
5
6
7
8
9
10
11

SEPTEMBER 2021

SUNDAY	MONDAY	TUESDAY	WEDNESDAY
			1
5	6 Labor Day	7	8
12	13	14	15
19	20	21	22
26	27	28	29

AUGUST

S	M	T	W	T	F	S
1	2	3	4	5	6	7
8	9	10	11	12	13	14
15	16	17	18	19	20	21
22	23	24	25	26	27	28
29	30	31				

SEPTEMBER

S	M	T	W	T	F	S
			1	2	3	4
5	6	7	8	9	10	11
12	13	14	15	16	17	18
19	20	21	22	23	24	25
26	27	28	29	30		

OCTOBER

S	M	T	W	T	F	S
					1	2
3	4	5	6	7	8	9
10	11	12	13	14	15	16
17	18	19	20	21	22	23
24	25	26	27	28	29	30
31						

THURSDAY	FRIDAY	SATURDAY	NOTES
2	3	4	
9	10	11	
16	17	18	
23	24	25	
30			

S	M	T	W	T	F	S
			1	2	3	4
5	6	7	8	9	10	11
12	13	14	15	16	17	18
19	20	21	22	23	24	25
26	27	28	29	30		

MON	30	TUE	31	WED	1

12
1
2
3
.
4
5
6
7
8
9
10
11
12
1
2
3
4
5
6
7
8
9
10
11
12

THU	2	FRI	3	SAT	4	SUN	5

12
1
2
3
4
5
6
7
8
9
10
11
12
1
2
3
4
5
6
7
8
9
10
11

S	M	T	W	T	F	S
			1	2	3	4
5	6	7	8	9	10	11
12	13	14	15	16	17	18
19	20	21	22	23	24	25
26	27	28	29	30		

MON Labor Day 6	TUE 7	WED 8
12		
1		
2		
3		
4		
5		
6		
7		
8		
9		
10		
11		
12		
1		
2		
3		
4		
5		
6		
7		
8		
9		
10		
11		

<table>
<tr><td>THU</td><td>9</td><td>FRI</td><td>10</td><td>SAT</td><td>11</td><td>SUN</td><td>12</td></tr>
</table>

12
1
2
3
4
5
6
7
8
9
10
11
12
1
2
3
4
5
6
7
8
9
10
11

S	M	T	W	T	F	S
			1	2	3	4
5	6	7	8	9	10	11
12	13	14	15	16	17	18
19	20	21	22	23	24	25
26	27	28	29	30		

Time	MON 13	TUE 14	WED 15
12			
1			
2			
3			
.			
4			
5			
6			
7			
8			
9			
10			
11			
12			
1			
2			
3			
4			
5			
6			
7			
8			
9			
10			
11			

THU 16	FRI 17	SAT 18	SUN 19

12 1 2 3 4 5 6 7 8 9 10 11 12 1 2 3 4 5 6 7 8 9 10 11

S	M	T	W	T	F	S
			1	2	3	4
5	6	7	8	9	10	11
12	13	14	15	16	17	18
19	20	21	22	23	24	25
26	27	28	29	30		

12
1
2
3
.
4
5
6
7
8
9
10
11
12
1
2
3
4
5
6
7
8
9
10
11

MON 20

TUE 21

WED 22

THU 23	FRI 24	SAT 25	SUN 26

12
1
2
3
4
5
6
7
8
9
10
11
12
1
2
3
4
5
6
7
8
9
10
11

S	M	T	W	T	F	S
			1	2	3	4
5	6	7	8	9	10	11
12	13	14	15	16	17	18
19	20	21	22	23	24	25
26	27	28	29	30		

MON	27	TUE	28	WED	29

12
1
2
3
.
4
5
6
7
8
9
10
11
12
1
2
3
4
5
6
7
8
9
10
11

THU	30	FRI	1	SAT	2	SUN	3

OCTOBER 2021

SUNDAY	MONDAY	TUESDAY	WEDNESDAY
3	4	5	6
10	11 Columbus Day	12	13
17	18	19	20
24	25	26	27
31			

SEPTEMBER

S	M	T	W	T	F	S
			1	2	3	4
5	6	7	8	9	10	11
12	13	14	15	16	17	18
19	20	21	22	23	24	25
26	27	28	29	30		

OCTOBER

S	M	T	W	T	F	S
					1	2
3	4	5	6	7	8	9
10	11	12	13	14	15	16
17	18	19	20	21	22	23
24	25	26	27	28	29	30
31						

NOVEMBER

S	M	T	W	T	F	S
	1	2	3	4	5	6
7	8	9	10	11	12	13
14	15	16	17	18	19	20
21	22	23	24	25	26	27
28	29	30				

THURSDAY	FRIDAY	SATURDAY	NOTES
	1	2	
7	8	9	
14	15	16	
21	22	23	
28	29	30	

S	M	T	W	T	F	S
					1	2
3	4	5	6	7	8	9
10	11	12	13	14	15	16
17	18	19	20	21	22	23
24	25	26	27	28	29	30

MON	27	TUE	28	WED	29

12
1
2
3
.
4
5
6
7
8
9
10
11
12
1
2
3
4
5
6
7
8
9
10
11

THU	30	FRI	1	SAT	2	SUN	3

12
1
2
3
4
5
6
7
8
9
10
11
12
1
2
3
4
5
6
7
8
9
10
11

S	M	T	W	T	F	S
					1	2
3	4	5	6	7	8	9
10	11	12	13	14	15	16
17	18	19	20	21	22	23
24	25	26	27	28	29	30

MON	4	TUE	5	WED	6

12
1
2
3
.
4
5
6
7
8
9
10
11
12
1
2
3
4
5
6
7
8
9
10
11

THU	7	FRI	8	SAT	9	SUN	10

12
1
2
3
4
5
6
7
8
9
10
11
12
1
2
3
4
5
6
7
8
9
10
11

	S	M	T	W	T	F	S
						1	2
	3	4	5	6	7	8	9
	10	11	12	13	14	15	16
	17	18	19	20	21	22	23
	24	25	26	27	28	29	30

MON Columbus Day 11	TUE 12	WED 13

12
1
2
3
.
4
5
6
7
8
9
10
11
12
1
2
3
4
5
6
7
8
9
10
11

12
1
2
3
4
5
6
7
8
9
10
11
12
1
2
3
4
5
6
7
8
9
10
11

S	M	T	W	T	F	S
					1	2
3	4	5	6	7	8	9
10	11	12	13	14	15	16
17	18	19	20	21	22	23
24	25	26	27	28	29	30

12
1
2
3
4
5
6
7
8
9
10
11
12
1
2
3
4
5
6
7
8
9
10
11

12
1
2
3
4
5
6
7
8
9
10
11
12
1
2
3
4
5
6
7
8
9
10
11

S	M	T	W	T	F	S
					1	2
3	4	5	6	7	8	9
10	11	12	13	14	15	16
17	18	19	20	21	22	23
24	25	26	27	28	29	30

12
1
2
3
.
4
5
6
7
8
9
10
11
12
1
2
3
4
5
6
7
8
9
10
11

THU 28	FRI 29	SAT 30	SUN 31

12
1
2
3
4
5
6
7
8
9
10
11
12
1
2
3
4
5
6
7
8
9
10
11

NOVEMBER 2021

SUNDAY	MONDAY	TUESDAY	WEDNESDAY
	1	2	3
7	8	9	10
14	15	16	17
21	22	23	24
28	29	30	

OCTOBER

S	M	T	W	T	F	S
					1	2
3	4	5	6	7	8	9
10	11	12	13	14	15	16
17	18	19	20	21	22	23
24	25	26	27	28	29	30
31						

NOVEMBER

S	M	T	W	T	F	S
	1	2	3	4	5	6
7	8	9	10	11	12	13
14	15	16	17	18	19	20
21	22	23	24	25	26	27
28	29	30				

DECEMBER

S	M	T	W	T	F	S
				1	2	3	4
5	6	7	8	9	10	11
12	13	14	15	16	17	18
19	20	21	22	23	24	25
26	27	28	29	30	31	

THURSDAY	FRIDAY	SATURDAY	NOTES
4	5	6	
11 Veterans Day	12	13	
18	19	20	
25 Thanksgiving Day	26	27	

S	M	T	W	T	F	S
	1	2	3	4	5	6
7	8	9	10	11	12	13
14	15	16	17	18	19	20
21	22	23	24	25	26	27
28	29	30				

MON	1	TUE	2	WED	3

| THU | 4 | FRI | 5 | SAT | 6 | SUN | 7 |

12
1
2
3
4
5
6
7
8
9
10
11
12
1
2
3
4
5
6
7
8
9
10
11

NOV 2021

S	M	T	W	T	F	S
	1	2	3	4	5	6
7	8	9	10	11	12	13
14	15	16	17	18	19	20
21	22	23	24	25	26	27
28	29	30				

Time	MON 8	TUE 9	WED 10
12			
1			
2			
3			
4			
5			
6			
7			
8			
9			
10			
11			
12			
1			
2			
3			
4			
5			
6			
7			
8			
9			
10			
11			

12
1
2
3
4
5
6
7
8
9
10
11
12
1
2
3
4
5
6
7
8
9
10
11

S	M	T	W	T	F	S
	1	2	3	4	5	6
7	8	9	10	11	12	13
14	15	16	17	18	19	20
21	22	23	24	25	26	27
28	29	30				

MON 15	TUE 16	WED 17
12		
1		
2		
3		
4		
5		
6		
7		
8		
9		
10		
11		
12		
1		
2		
3		
4		
5		
6		
7		
8		
9		
10		
11		

<table>
<tr><td>THU</td><td>18</td><td>FRI</td><td>19</td><td>SAT</td><td>20</td><td>SUN</td><td>21</td></tr>
</table>

12
1
2
3
4
5
6
7
8
9
10
11
12
1
2
3
4
5
6
7
8
9
10
11

S	M	T	W	T	F	S
	1	2	3	4	5	6
7	8	9	10	11	12	13
14	15	16	17	18	19	20
21	22	23	24	25	26	27
28	29	30				

12
1
2
3
.
4
5
6
7
8
9
10
11
12
1
2
3
4
5
6
7
8
9
10
11

THU Thanksgiving 25	FRI 26	SAT 27	SUN 28
12			
1			
2			
3			
4			
5			
6			
7			
8			
9			
10			
11			
12			
1			
2			
3			
4			
5			
6			
7			
8			
9			
10			
11			

DECEMBER 2021

SUNDAY	MONDAY	TUESDAY	WEDNESDAY
			1
5	6	7	8
12	13	14	15
19	20	21	22
26	27	28	29

NOVEMBER

S	M	T	W	T	F	S
	1	2	3	4	5	6
7	8	9	10	11	12	13
14	15	16	17	18	19	20
21	22	23	24	25	26	27
28	29	30				

DECEMBER

S	M	T	W	T	F	S
			1	2	3	4
5	6	7	8	9	10	11
12	13	14	15	16	17	18
19	20	21	22	23	24	25
26	27	28	29	30	31	

JANUARY 2022

S	M	T	W	T	F	S
						1
2	3	4	5	6	7	8
9	10	11	12	13	14	15
16	17	18	19	20	21	22
23	24	25	26	27	28	29
30	31					

THURSDAY	FRIDAY	SATURDAY	NOTES
2	3	4	
9	10	11	
16	17	18	
23	24	25 Christmas Day	
30	31		

S	M	T	W	T	F	S
			1	2	3	4
5	6	7	8	9	10	11
12	13	14	15	16	17	18
19	20	21	22	23	24	25
26	27	28	29	30	31	

MON	29	TUE	30	WED	1

12
1
2
3
.
4
5
6
7
8
9
10
11
12
1
2
3
4
5
6
7
8
9
10
11

<table>
<tr><td>THU</td><td>2</td><td>FRI</td><td>3</td><td>SAT</td><td>4</td><td>SUN</td><td>5</td></tr>
</table>

12
1
2
3
4
5
6
7
8
9
10
11
12
1
2
3
4
5
6
7
8
9
10
11

S	M	T	W	T	F	S
			1	2	3	4
5	6	7	8	9	10	11
12	13	14	15	16	17	18
19	20	21	22	23	24	25
26	27	28	29	30	31	

MON 6 | TUE 7 | WED 8

12
1
2
3
.
4
5
6
7
8
9
10
11
12
1
2
3
4
5
6
7
8
9
10
11

THU	9	FRI	10	SAT	11	SUN	12

| 12 | 1 | 2 | 3 | 4 | 5 | 6 | 7 | 8 | 9 | 10 | 11 | 12 | 1 | 2 | 3 | 4 | 5 | 6 | 7 | 8 | 9 | 10 | 11 |

S	M	T	W	T	F	S
			1	2	3	4
5	6	7	8	9	10	11
12	13	14	15	16	17	18
19	20	21	22	23	24	25
26	27	28	29	30	31	

12
1
2
3
.
4
5
6
7
8
9
10
11
12
1
2
3
4
5
6
7
8
9
10
11

12
1
2
3
4
5
6
7
8
9
10
11
12
1
2
3
4
5
6
7
8
9
10
11

DEC 2021

S	M	T	W	T	F	S
			1	2	3	4
5	6	7	8	9	10	11
12	13	14	15	16	17	18
19	20	21	22	23	24	25
26	27	28	29	30	31	

MON 20	TUE 21	WED 22

12
1
2
3
.
4
5
6
7
8
9
10
11
12
1
2
3
4
5
6
7
8
9
10
11

<table>
<tr><td>THU 23</td><td>FRI 24</td><td>SAT Christmas Day 25</td><td>SUN 26</td></tr>
</table>

12
1
2
3
4
5
6
7
8
9
10
11
12
1
2
3
4
5
6
7
8
9
10
11

S	M	T	W	T	F	S
			1	2	3	4
5	6	7	8	9	10	11
12	13	14	15	16	17	18
19	20	21	22	23	24	25
26	27	28	29	30	31	

MON	27	TUE	28	WED	29

12
1
2
3
.
4
5
6
7
8
9
10
11
12
1
2
3
4
5
6
7
8
9
10
11

THU	30	FRI	31	SAT	1	SUN	2
12							
1							
2							
3							
4							
5							
6							
7							
8							
9							
10							
11							
12							
1							
2							
3							
4							
5							
6							
7							
8							
9							
10							
11							

2022

2022

January	February	March	April	May	June
1 S	1 T	1 T	1 F	1 S	1 W
2 S	2 W	2 W	2 S	2 M	2 T
3 M	3 T	3 T	3 S	3 T	3 F
4 T	4 F	4 F	4 M	4 W	4 S
5 W	5 S	5 S	5 T	5 T	5 S
6 T	6 S	6 S	6 W	6 F	6 M
7 F	7 M	7 M	7 T	7 S	7 T
8 S	8 T	8 T	8 F	8 S	8 W
9 S	9 W	9 W	9 S	9 M	9 T
10 M	10 T	10 T	10 S	10 T	10 F
11 T	11 F	11 F	11 M	11 W	11 S
12 W	12 S	12 S	12 T	12 T	12 S
13 T	13 S	13 S	13 W	13 F	13 M
14 F	14 M	14 M	14 T	14 S	14 T
15 S	15 T	15 T	15 F	15 S	15 W
16 S	16 W	16 W	16 S	16 M	16 T
17 M	17 T	17 T	17 S	17 T	17 F
18 T	18 F	18 F	18 M	18 W	18 S
19 W	19 S	19 S	19 T	19 T	19 S
20 T	20 S	20 S	20 W	20 F	20 M
21 F	21 M	21 M	21 T	21 S	21 T
22 S	22 T	22 T	22 F	22 S	22 W
23 S	23 W	23 W	23 S	23 M	23 T
24 M	24 T	24 T	24 S	24 T	24 F
25 T	25 F	25 F	25 M	25 W	25 S
26 W	26 S	26 S	26 T	26 T	26 S
27 T	27 S	27 S	27 W	27 F	27 M
28 F	28 M	28 M	28 T	28 S	28 T
29 S		29 T	29 F	29 S	29 W
30 S		30 W	30 S	30 M	30 T
31 January		31 T		31 T	

July	August	September	October	November	December
1 F	1 M	1 T	1 S	1 T	1 T
2 S	2 T	2 F	2 S	2 W	2 F
3 S	3 W	3 S	3 M	3 T	3 S
4 M	4 T	4 S	4 T	4 F	4 S
5 T	5 F	5 M	5 W	5 S	5 M
6 W	6 S	6 T	6 T	6 S	6 T
7 T	7 S	7 W	7 F	7 M	7 W
8 F	8 M	8 T	8 S	8 T	8 T
9 S	9 T	9 F	9 S	9 W	9 F
10 S	10 W	10 S	10 M	10 T	10 S
11 M	11 T	11 S	11 T	11 F	11 S
12 T	12 F	12 M	12 W	12 S	12 M
13 W	13 S	13 T	13 T	13 S	13 T
14 T	14 S	14 W	14 F	14 M	14 W
15 F	15 M	15 T	15 S	15 T	15 T
16 S	16 T	16 F	16 S	16 W	16 F
17 S	17 W	17 S	17 M	17 T	17 S
18 M	18 T	18 S	18 T	18 F	18 S
19 T	19 F	19 M	19 W	19 S	19 M
20 W	20 S	20 T	20 T	20 S	20 T
21 T	21 S	21 W	21 F	21 M	21 W
22 F	22 M	22 T	22 S	22 T	22 T
23 S	23 T	23 F	23 S	23 W	23 F
24 S	24 W	24 S	24 M	24 T	24 S
25 M	25 T	25 S	25 T	25 F	25 S
26 T	26 F	26 M	26 W	26 S	26 M
27 W	27 S	27 T	27 T	27 S	27 T
28 T	28 S	28 W	28 F	28 M	28 W
29 F	29 M	29 T	29 S	29 T	29 T
30 S	30 T	30 F	30 S	30 W	30 F
31 S	31 W		31 M		31 S

JANUARY 2022

SUNDAY	MONDAY	TUESDAY	WEDNESDAY
2	3	4	5
9	10	11	12
16	17	18	19
	Martin Luther King Jr. Day		
23	24	25	26
30	31		

DECEMBER						2021
S	M	T	W	T	F	S
			1	2	3	4
5	6	7	8	9	10	11
12	13	14	15	16	17	18
19	20	21	22	23	24	25
26	27	28	29	30	31	

JANUARY						
S	M	T	W	T	F	S
						1
2	3	4	5	6	7	8
9	10	11	12	13	14	15
16	17	18	19	20	21	22
23	24	25	26	27	28	29
30	31					

THURSDAY	FRIDAY	SATURDAY	NOTES
		1 New Year's Day	
6	7	8	
13	14	15	
20	21	22	
27	28	29	
□	□	□	
□	□	□	
□	□	□	
□	□	□	
□	□	1	

JAN 2022

S	M	T	W	T	F	S
						1
2	3	4	5	6	7	8
9	10	11	12	13	14	15
16	17	18	19	20	21	22
23	24	25	26	27	28	29
30	31					

MON	3	TUE	4	WED	5

<table>
<tr><td>THU</td><td>6</td><td>FRI</td><td>7</td><td>SAT</td><td>8</td><td>SUN</td><td>9</td></tr>
</table>

12
1
2
3
4
5
6
7
8
9
10
11
12
1
2
3
4
5
6
7
8
9
10
11

JAN 2022

S	M	T	W	T	F	S
						1
2	3	4	5	6	7	8
9	10	11	12	13	14	15
16	17	18	19	20	21	22
23	24	25	26	27	28	29
30	31					

	MON 10	TUE 11	WED 12
12			
1			
2			
3			
4			
5			
6			
7			
8			
9			
10			
11			
12			
1			
2			
3			
4			
5			
6			
7			
8			
9			
10			
11			

| THU | 13 | FRI | 14 | SAT | 15 | SUN | 16 |

12
1
2
3
4
5
6
7
8
9
10
11
12
1
2
3
4
5
6
7
8
9
10
11

S	M	T	W	T	F	S
						1
2	3	4	5	6	7	8
9	10	11	12	13	14	15
16	17	18	19	20	21	22
23	24	25	26	27	28	29
30	31					

MON 17
Martin Luther King Day

TUE 18

WED 19

12
1
2
3
4
5
6
7
8
9
10
11
12
1
2
3
4
5
6
7
8
9
10
11

THU	20	FRI	21	SAT	22	SUN	23
12							
1							
2							
3							
4							
5							
6							
7							
8							
9							
10							
11							
12							
1							
2							
3							
4							
5							
6							
7							
8							
9							
10							
11							

JAN 2022

S	M	T	W	T	F	S
						1
2	3	4	5	6	7	8
9	10	11	12	13	14	15
16	17	18	19	20	21	22
23	24	25	26	27	28	29
30	31					

MON 24	TUE 25	WED 26

12 1 2 3 4 5 6 7 8 9 10 11 12 1 2 3 4 5 6 7 8 9 10 11

<table>
<tr><td>THU</td><td>27</td><td>FRI</td><td>28</td><td>SAT</td><td>29</td><td>SUN</td><td>30</td></tr>
</table>

12
1
2
3
4
5
6
7
8
9
10
11
12
1
2
3
4
5
6
7
8
9
10
11

FEBRUARY 2022

SUNDAY	MONDAY	TUESDAY	WEDNESDAY
		1	2
6	7	8	9
13	14	15	16
20	21 Presidents' Day	22	23
27	28		

JANUARY

S	M	T	W	T	F	S
						1
2	3	4	5	6	7	8
9	10	11	12	13	14	15
16	17	18	19	20	21	22
23	24	25	26	27	28	29
30	31					

FEBRUARY

S	M	T	W	T	F	S
		1	2	3	4	5
6	7	8	9	10	11	12
13	14	15	16	17	18	19
20	21	22	23	24	25	26
27	28					

MARCH

S	M	T	W	T	F	S
		1	2	3	4	5
6	7	8	9	10	11	12
13	14	15	16	17	18	19
20	21	22	23	24	25	26
27	28	29	30	31		

THURSDAY	FRIDAY	SATURDAY	NOTES
3	4	5	
10	11	12	
17	18	19	
24	25	26	

FEB 2022

S	M	T	W	T	F	S
		1	2	3	4	5
6	7	8	9	10	11	12
13	14	15	16	17	18	19
20	21	22	23	24	25	26
27	28					

MON 31	TUE 1	WED 2
12		
1		
2		
3		
4		
5		
6		
7		
8		
9		
10		
11		
12		
1		
2		
3		
4		
5		
6		
7		
8		
9		
10		
11		

<table>
<tr><td>THU</td><td>3</td><td>FRI</td><td>4</td><td>SAT</td><td>5</td><td>SUN</td><td>6</td></tr>
</table>

12
1
2
3
4
5
6
7
8
9
10
11
12
1
2
3
4
5
6
7
8
9
10
11

S	M	T	W	T	F	S
		1	2	3	4	5
6	7	8	9	10	11	12
13	14	15	16	17	18	19
20	21	22	23	24	25	26
27	28					

12
1
2
3
4
5
6
7
8
9
10
11
12
1
2
3
4
5
6
7
8
9
10
11

THU	10	FRI	11	SAT	12	SUN	13

12
1
2
3
4
5
6
7
8
9
10
11
12
1
2
3
4
5
6
7
8
9
10
11

S	M	T	W	T	F	S
		1	2	3	4	5
6	7	8	9	10	11	12
13	14	15	16	17	18	19
20	21	22	23	24	25	26
27	28					

MON 14	TUE 15	WED 16

<table>
<tr><td>THU</td><td>17</td><td>FRI</td><td>18</td><td>SAT</td><td>19</td><td>SUN</td><td>20</td></tr>
</table>

12
1
2
3
4
5
6
7
8
9
10
11
12
1
2
3
4
5
6
7
8
9
10
11

S	M	T	W	T	F	S
		1	2	3	4	5
6	7	8	9	10	11	12
13	14	15	16	17	18	19
20	21	22	23	24	25	26
27	28					

MON 21	TUE 22	WED 23
Presidents' Day		

12
1
2
3
4
5
6
7
8
9
10
11
12
1
2
3
4
5
6
7
8
9
10
11

THU	24	FRI	25	SAT	26	SUN	27
12							
1							
2							
3							
4							
5							
6							
7							
8							
9							
10							
11							
12							
1							
2							
3							
4							
5							
6							
7							
8							
9							
10							
11							

MARCH 2022

SUNDAY	MONDAY	TUESDAY	WEDNESDAY
		1	2
6	7	8	9
13	14	15	16
20	21	22	23
27	28	29	30

FEBRUARY

S	M	T	W	T	F	S
		1	2	3	4	5
6	7	8	9	10	11	12
13	14	15	16	17	18	19
20	21	22	23	24	25	26
27	28					

MARCH

S	M	T	W	T	F	S
		1	2	3	4	5
6	7	8	9	10	11	12
13	14	15	16	17	18	19
20	21	22	23	24	25	26
27	28	29	30	31		

APRIL

S	M	T	W	T	F	S
					1	2
3	4	5	6	7	8	9
10	11	12	13	14	15	16
17	18	19	20	21	22	23
24	25	26	27	28	29	30

THURSDAY	FRIDAY	SATURDAY	NOTES
3	4	5	
10	11	12	
17	18	19	
24	25	26	
31			
☐	☐	☐	
☐	☐	☐	
☐	☐	☐	
☐	☐	☐	
☐ 3	☐ 4	☐ 5	

MAR 2022

S	M	T	W	T	F	S
		1	2	3	4	5
6	7	8	9	10	11	12
13	14	15	16	17	18	19
20	21	22	23	24	25	26
27	28	29	30	31		

12 1 2 3 4 5 6 7 8 9 10 11 12 1 2 3 4 5 6 7 8 9 10 11

MON 28

TUE 1

WED 2

THU 3	FRI 4	SAT 5	SUN 6
12			
1			
2			
3			
4			
5			
6			
7			
8			
9			
10			
11			
12			
1			
2			
3			
4			
5			
6			
7			
8			
9			
10			
11			

S	M	T	W	T	F	S
		1	2	3	4	5
6	7	8	9	10	11	12
13	14	15	16	17	18	19
20	21	22	23	24	25	26
27	28	29	30	31		

MON 7	TUE 8	WED 9

12
1
2
3
4
5
6
7
8
9
10
11
12
1
2
3
4
5
6
7
8
9
10
11

| 12 |
| 1 |
| 2 |
| 3 |
| 4 |
| 5 |
| 6 |
| 7 |
| 8 |
| 9 |
| 10 |
| 11 |
| 12 |
| 1 |
| 2 |
| 3 |
| 4 |
| 5 |
| 6 |
| 7 |
| 8 |
| 9 |
| 10 |
| 11 |

S	M	T	W	T	F	S
		1	2	3	4	5
6	7	8	9	10	11	12
13	14	15	16	17	18	19
20	21	22	23	24	25	26
27	28	29	30	31		

MON 14

TUE 15

WED 16

12
1
2
3
4
5
6
7
8
9
10
11
12
1
2
3
4
5
6
7
8
9
10
11
12

THU 17	FRI 18	SAT 19	SUN 20

12
1
2
3
4
5
6
7
8
9
10
11
12
1
2
3
4
5
6
7
8
9
10
11

12
1
2
3
4
5
6
7
8
9
10
11
12
1
2
3
4
5
6
7
8
9
10
11

| THU | 24 | FRI | 25 | SAT | 26 | SUN | 27 |

12
1
2
3
4
5
6
7
8
9
10
11
12
1
2
3
4
5
6
7
8
9
10
11

MAR 2022

S	M	T	W	T	F	S
		1	2	3	4	5
6	7	8	9	10	11	12
13	14	15	16	17	18	19
20	21	22	23	24	25	26
27	28	29	30	31		

MON 28	TUE 29	WED 30

12 1 2 3 4 5 6 7 8 9 10 11 12 1 2 3 4 5 6 7 8 9 10 11

THU	31	FRI	1	SAT	2	SUN	3

12
1
2
3
4
5
6
7
8
9
10
11
12
1
2
3
4
5
6
7
8
9
10
11

APRIL 2022

SUNDAY	MONDAY	TUESDAY	WEDNESDAY
3	4	5	6
10	11	12	13
17	18	19	20
24	25	26	27

MARCH

S	M	T	W	T	F	S
		1	2	3	4	5
6	7	8	9	10	11	12
13	14	15	16	17	18	19
20	21	22	23	24	25	26
27	28	29	30	31		

APRIL

S	M	T	W	T	F	S
					1	2
3	4	5	6	7	8	9
10	11	12	13	14	15	16
17	18	19	20	21	22	23
24	25	26	27	28	29	30

MAY

S	M	T	W	T	F	S
1	2	3	4	5	6	7
8	9	10	11	12	13	14
15	16	17	18	19	20	21
22	23	24	25	26	27	28
29	30	31				

THURSDAY	FRIDAY	SATURDAY	NOTES
	1	2	
7	8	9	
14	15	16	
21	22	23	
28	29	30	

S	M	T	W	T	F	S
					1	2
3	4	5	6	7	8	9
10	11	12	13	14	15	16
17	18	19	20	21	22	23
24	25	26	27	28	29	30

MON 4 | TUE 5 | WED 6

12
1
2
3
4
5
6
7
8
9
10
11
12
1
2
3
4
5
6
7
8
9
10
11

THU	7	FRI	8	SAT	9	SUN	10

APR 2022

S	M	T	W	T	F	S
					1	2
3	4	5	6	7	8	9
10	11	12	13	14	15	16
17	18	19	20	21	22	23
24	25	26	27	28	29	30

MON 11 | TUE 12 | WED 13

12
1
2
3
4
5
6
7
8
9
10
11
12
1
2
3
4
5
6
7
8
9
10
11

THU	14	FRI	15	SAT	16	SUN	17

12
1
2
3
4
5
6
7
8
9
10
11
12
1
2
3
4
5
6
7
8
9
10
11

S	M	T	W	T	F	S
					1	2
3	4	5	6	7	8	9
10	11	12	13	14	15	16
17	18	19	20	21	22	23
24	25	26	27	28	29	30

12
1
2
3
4
5
6
7
8
9
10
11
12
1
2
3
4
5
6
7
8
9
10
11

THU 21	FRI 22	SAT 23	SUN 24

12
1
2
3
4
5
6
7
8
9
10
11
12
1
2
3
4
5
6
7
8
9
10
11

S	M	T	W	T	F	S
					1	2
3	4	5	6	7	8	9
10	11	12	13	14	15	16
17	18	19	20	21	22	23
24	25	26	27	28	29	30

MON 25	TUE 26	WED 27

12
1
2
3
4
5
6
7
8
9
10
11
12
1
2
3
4
5
6
7
8
9
10
11

THU 28	FRI 29	SAT 30	SUN 1
12			
1			
2			
3			
4			
5			
6			
7			
8			
9			
10			
11			
12			
1			
2			
3			
4			
5			
6			
7			
8			
9			
10			
11			

MAY 2022

SUNDAY	MONDAY	TUESDAY	WEDNESDAY
1	2	3	4
8	9	10	11
15	16	17	18
22	23	24	25
29	30 Memorial Day	31	

APRIL

S	M	T	W	T	F	S
					1	2
3	4	5	6	7	8	9
10	11	12	13	14	15	16
17	18	19	20	21	22	23
24	25	26	27	28	29	30

MAY

S	M	T	W	T	F	S
1	2	3	4	5	6	7
8	9	10	11	12	13	14
15	16	17	18	19	20	21
22	23	24	25	26	27	28
29	30	31				

JUNE

S	M	T	W	T	F	S
			1	2	3	4
5	6	7	8	9	10	11
12	13	14	15	16	17	18
19	20	21	22	23	24	25
26	27	28	29	30		

THURSDAY	FRIDAY	SATURDAY	NOTES
5	6	7	
12	13	14	
19	20	21	
26	27	28	

MAY 2022

S	M	T	W	T	F	S
1	2	3	4	5	6	7
8	9	10	11	12	13	14
15	16	17	18	19	20	21
22	23	24	25	26	27	28
29	30	31				

MON	2	TUE	3	WED	4

THU 5	FRI 6	SAT 7	SUN 8

12
1
2
3
4
5
6
7
8
9
10
11
12
1
2
3
4
5
6
7
8
9
10
11

MAY 2022

S	M	T	W	T	F	S
1	2	3	4	5	6	7
8	9	10	11	12	13	14
15	16	17	18	19	20	21
22	23	24	25	26	27	28
29	30	31				

	MON 9	TUE 10	WED 11
12			
1			
2			
3			
4			
5			
6			
7			
8			
9			
10			
11			
12			
1			
2			
3			
4			
5			
6			
7			
8			
9			
10			
11			

| THU | 12 | FRI | 13 | SAT | 14 | SUN | 15 |

12
1
2
3
4
5
6
7
8
9
10
11
12
1
2
3
4
5
6
7
8
9
10
11

S	M	T	W	T	F	S
1	2	3	4	5	6	7
8	9	10	11	12	13	14
15	16	17	18	19	20	21
22	23	24	25	26	27	28
29	30	31				

MON	16	TUE	17	WED	18

THU	19	FRI	20	SAT	21	SUN	22
12							
1							
2							
3							
4							
5							
6							
7							
8							
9							
10							
11							
12							
1							
2							
3							
4							
5							
6							
7							
8							
9							
10							
11							

MAY 2022

S	M	T	W	T	F	S
1	2	3	4	5	6	7
8	9	10	11	12	13	14
15	16	17	18	19	20	21
22	23	24	25	26	27	28
29	30	31				

MON 23	TUE 24	WED 25

12
1
2
3
4
5
6
7
8
9
10
11
12
1
2
3
4
5
6
7
8
9
10
11

<table>
<tr><td>THU</td><td>26</td><td>FRI</td><td>27</td><td>SAT</td><td>28</td><td>SUN</td><td>29</td></tr>
</table>

12
1
2
3
4
5
6
7
8
9
10
11
12
1
2
3
4
5
6
7
8
9
10
11

JUNE 2022

SUNDAY	MONDAY	TUESDAY	WEDNESDAY
			1
5	6	7	8
12	13	14	15
19	20	21	22
26	27	28	29

MAY

S	M	T	W	T	F	S
1	2	3	4	5	6	7
8	9	10	11	12	13	14
15	16	17	18	19	20	21
22	23	24	25	26	27	28
29	30	31				

JUNE

S	M	T	W	T	F	S
			1	2	3	4
5	6	7	8	9	10	11
12	13	14	15	16	17	18
19	20	21	22	23	24	25
26	27	28	29	30		

JULY

S	M	T	W	T	F	S
					1	2
3	4	5	6	7	8	9
10	11	12	13	14	15	16
17	18	19	20	21	22	23
24	25	26	27	28	29	30
31						

THURSDAY	FRIDAY	SATURDAY	NOTES
2	3	4	
9	10	11	
16	17	18	
23	24	25	
30			
▫	▫	▫	
▫	▫	▫	
▫	▫	▫	
▫	▫	▫	
▫	▫	▫	

JUNE 2022

S	M	T	W	T	F	S
			1	2	3	4
5	6	7	8	9	10	11
12	13	14	15	16	17	18
19	20	21	22	23	24	25
26	27	28	29	30		

MON 30	TUE 31	WED 1
Memorial Day		

12
1
2
3
4
5
6
7
8
9
10
11
12
1
2
3
4
5
6
7
8
9
10
11

<table>
<tr><td>THU</td><td>2</td><td>FRI</td><td>3</td><td>SAT</td><td>4</td><td>SUN</td><td>5</td></tr>
</table>

12
1
2
3
4
5
6
7
8
9
10
11
12
1
2
3
4
5
6
7
8
9
10
11

JUNE 2022

S	M	T	W	T	F	S
			1	2	3	4
5	6	7	8	9	10	11
12	13	14	15	16	17	18
19	20	21	22	23	24	25
26	27	28	29	30		

MON 6	TUE 7	WED 8

12
1
2
3
4
5
6
7
8
9
10
11
12
1
2
3
4
5
6
7
8
9
10
11

THU	9	FRI	10	SAT	11	SUN	12

	THU 9	FRI 10	SAT 11	SUN 12
12				
1				
2				
3				
4				
5				
6				
7				
8				
9				
10				
11				
12				
1				
2				
3				
4				
5				
6				
7				
8				
9				
10				
11				

S	M	T	W	T	F	S
			1	2	3	4
5	6	7	8	9	10	11
12	13	14	15	16	17	18
19	20	21	22	23	24	25
26	27	28	29	30		

MON 13	TUE 14	WED 15

12
1
2
3
4
5
6
7
8
9
10
11
12
1
2
3
4
5
6
7
8
9
10
11

THU	16	FRI	17	SAT	18	SUN	19

12
1
2
3
4
5
6
7
8
9
10
11
12
1
2
3
4
5
6
7
8
9
10
11

JUNE 2022

S	M	T	W	T	F	S
			1	2	3	4
5	6	7	8	9	10	11
12	13	14	15	16	17	18
19	20	21	22	23	24	25
26	27	28	29	30		

	MON 20	TUE 21	WED 22
12			
1			
2			
3			
4			
5			
6			
7			
8			
9			
10			
11			
12			
1			
2			
3			
4			
5			
6			
7			
8			
9			
10			
11			

THU 23	FRI 24	SAT 25	SUN 26

12
1
2
3
4
5
6
7
8
9
10
11
12
1
2
3
4
5
6
7
8
9
10
11

JUNE 2022

S	M	T	W	T	F	S
			1	2	3	4
5	6	7	8	9	10	11
12	13	14	15	16	17	18
19	20	21	22	23	24	25
26	27	28	29	30		

MON 27	TUE 28	WED 29

THU	30	FRI	1	SAT	2	SUN	3

12
1
2
3
4
5
6
7
8
9
10
11
12
1
2
3
4
5
6
7
8
9
10
11

JULY 2022

SUNDAY	MONDAY	TUESDAY	WEDNESDAY
3	4 Independence Day	5	6
10	11	12	13
17	18	19	20
24	25	26	27
31			

JUNE

S	M	T	W	T	F	S
			1	2	3	4
5	6	7	8	9	10	11
12	13	14	15	16	17	18
19	20	21	22	23	24	25
26	27	28	29	30		

JULY

S	M	T	W	T	F	S
					1	2
3	4	5	6	7	8	9
10	11	12	13	14	15	16
17	18	19	20	21	22	23
24	25	26	27	28	29	30
31						

AUGUST

S	M	T	W	T	F	S
	1	2	3	4	5	6
7	8	9	10	11	12	13
14	15	16	17	18	19	20
21	22	23	24	25	26	27
28	29	30	31			

THURSDAY	FRIDAY	SATURDAY	NOTES
	1	2	
	8	9	
14	15	16	
21	22	23	
28	29	30	
☐	☐	☐	
☐	☐	☐	
☐	☐	☐	
☐	☐	☐	
☐	☐	☐	

JULY 2022

S	M	T	W	T	F	S
					1	2
3	4	5	6	7	8	9
10	11	12	13	14	15	16
17	18	19	20	21	22	23
24	25	26	27	28	29	30
31						

MON 4
Independence Day

TUE 5

WED 6

12 1 2 3 4 5 6 7 8 9 10 11 12 1 2 3 4 5 6 7 8 9 10 11

THU 7	FRI 8	SAT 9	SUN 10
12			
1			
2			
3			
4			
5			
6			
7			
8			
9			
10			
11			
12			
1			
2			
3			
4			
5			
6			
7			
8			
9			
10			
11			

S	M	T	W	T	F	S
					1	2
3	4	5	6	7	8	9
10	11	12	13	14	15	16
17	18	19	20	21	22	23
24	25	26	27	28	29	30
31						

MON 11	TUE 12	WED 13

12
1
2
3
4
5
6
7
8
9
10
11
12
1
2
3
4
5
6
7
8
9
10
11

12
1
2
3
4
5
6
7
8
9
10
11
12
1
2
3
4
5
6
7
8
9
10
11

	S	M	T	W	T	F	S
						1	2
	3	4	5	6	7	8	9
	10	11	12	13	14	15	16
	17	18	19	20	21	22	23
	24	25	26	27	28	29	30
	31						

12
1
2
3
4
5
6
7
8
9
10
11
12
1
2
3
4
5
6
7
8
9
10
11

THU	21	FRI	22	SAT	23	SUN	24

12
1
2
3
4
5
6
7
8
9
10
11
12
1
2
3
4
5
6
7
8
9
10
11

JULY

2022

S	M	T	W	T	F	S
					1	2
3	4	5	6	7	8	9
10	11	12	13	14	15	16
17	18	19	20	21	22	23
24	25	26	27	28	29	30
31						

MON 25	TUE 26	WED 27

12
1
2
3
4
5
6
7
8
9
10
11
12
1
2
3
4
5
6
7
8
9
10
11

THU	28	FRI	29	SAT	30	SUN	31

12
1
2
3
4
5
6
7
8
9
10
11
12
1
2
3
4
5
6
7
8
9
10
11

AUGUST 2022

SUNDAY	MONDAY	TUESDAY	WEDNESDAY
	1	2	3
7	8	9	10
14	15	16	17
21	22	23	24
28	29	30	31

JULY

S	M	T	W	T	F	S
					1	2
3	4	5	6	7	8	9
10	11	12	13	14	15	16
17	18	19	20	21	22	23
24	25	26	27	28	29	30
31						

AUGUST

S	M	T	W	T	F	S
	1	2	3	4	5	6
7	8	9	10	11	12	13
14	15	16	17	18	19	20
21	22	23	24	25	26	27
28	29	30	31			

SEPTEMBER

S	M	T	W	T	F	S
				1	2	3
4	5	6	7	8	9	10
11	12	13	14	15	16	17
18	19	20	21	22	23	24
25	26	27	28	29	30	

THURSDAY	FRIDAY	SATURDAY	NOTES
4	5	6	
11	12	13	
18	19	20	
25	26	27	
☐	☐	☐	
☐	☐	☐	
☐	☐	☐	
☐	☐	☐	
☐	☐	☐	

AUG 2022

S	M	T	W	T	F	S
	1	2	3	4	5	6
7	8	9	10	11	12	13
14	15	16	17	18	19	20
21	22	23	24	25	26	27
28	29	30	31			

MON	1	TUE	2	WED	3

<table>
<tr><td>THU 4</td><td>FRI 5</td><td>SAT 6</td><td>SUN 7</td></tr>
</table>

	THU 4	FRI 5	SAT 6	SUN 7
12				
1				
2				
3				
4				
5				
6				
7				
8				
9				
10				
11				
12				
1				
2				
3				
4				
5				
6				
7				
8				
9				
10				
11				

S	M	T	W	T	F	S
	1	2	3	4	5	6
7	8	9	10	11	12	13
14	15	16	17	18	19	20
21	22	23	24	25	26	27
28	29	30	31			

MON	8	TUE	9	WED	10

| THU | 11 | FRI | 12 | SAT | 13 | SUN | 14 |

12
1
2
3
4
5
6
7
8
9
10
11
12
1
2
3
4
5
6
7
8
9
10
11

S	M	T	W	T	F	S
	1	2	3	4	5	6
7	8	9	10	11	12	13
14	15	16	17	18	19	20
21	22	23	24	25	26	27
28	29	30	31			

	MON 15	TUE 16	WED 17
12			
1			
2			
3			
4			
5			
6			
7			
8			
9			
10			
11			
12			
1			
2			
3			
4			
5			
6			
7			
8			
9			
10			
11			

THU	18	FRI	19	SAT	20	SUN	21

12
1
2
3
4
5
6
7
8
9
10
11
12
1
2
3
4
5
6
7
8
9
10
11

S	M	T	W	T	F	S
	1	2	3	4	5	6
7	8	9	10	11	12	13
14	15	16	17	18	19	20
21	22	23	24	25	26	27
28	29	30	31			

MON	22	TUE	23	WED	24

12
1
2
3
4
5
6
7
8
9
10
11
12
1
2
3
4
5
6
7
8
9
10
11

	THU 25	FRI 26	SAT 27	SUN 28
12				
1				
2				
3				
4				
5				
6				
7				
8				
9				
10				
11				
12				
1				
2				
3				
4				
5				
6				
7				
8				
9				
10				
11				

S	M	T	W	T	F	S
	1	2	3	4	5	6
7	8	9	10	11	12	13
14	15	16	17	18	19	20
21	22	23	24	25	26	27
28	29	30	31			

	MON 29	TUE 30	WED 31
12			
1			
2			
3			
4			
5			
6			
7			
8			
9			
10			
11			
12			
1			
2			
3			
4			
5			
6			
7			
8			
9			
10			
11			

THU	1	FRI	2	SAT	3	SUN	4

12
1
2
3
4
5
6
7
8
9
10
11
12
1
2
3
4
5
6
7
8
9
10
11

SEPTEMBER 2022

SUNDAY	MONDAY	TUESDAY	WEDNESDAY
4	5 Labor Day	6	7
11	12	13	14
18	19	20	21
25	26	27	28

AUGUST

S	M	T	W	T	F	S
	1	2	3	4	5	6
7	8	9	10	11	12	13
14	15	16	17	18	19	20
21	22	23	24	25	26	27
28	29	30	31			

SEPTEMBER

S	M	T	W	T	F	S
				1	2	3
4	5	6	7	8	9	10
11	12	13	14	15	16	17
18	19	20	21	22	23	24
25	26	27	28	29	30	

OCTOBER

S	M	T	W	T	F	S
						1
2	3	4	5	6	7	8
9	10	11	12	13	14	15
16	17	18	19	20	21	22
23	24	25	26	27	28	29
30	31					

<table>
<tr><th>THURSDAY</th><th>FRIDAY</th><th>SATURDAY</th><th>NOTES</th></tr>
<tr><td>1</td><td>2</td><td>3</td><td></td></tr>
<tr><td>8</td><td>9</td><td>10</td><td></td></tr>
<tr><td>15</td><td>16</td><td>17</td><td></td></tr>
<tr><td>22</td><td>23</td><td>24</td><td></td></tr>
<tr><td>29</td><td>30</td><td></td><td></td></tr>
<tr><td>1</td><td>2</td><td>3</td><td></td></tr>
</table>

S	M	T	W	T	F	S
				1	2	3
4	5	6	7	8	9	10
11	12	13	14	15	16	17
18	19	20	21	22	23	24
25	26	27	28	29	30	

MON 5	TUE 6	WED 7
Labor Day		

12
1
2
3
4
5
6
7
8
9
10
11
12
1
2
3
4
5
6
7
8
9
10
11

THU	8	FRI	9	SAT	10	SUN	11

SEPT 2022

S	M	T	W	T	F	S
				1	2	3
4	5	6	7	8	9	10
11	12	13	14	15	16	17
18	19	20	21	22	23	24
25	26	27	28	29	30	

MON 12	TUE 13	WED 14

12
1
2
3
4
5
6
7
8
9
10
11
12
1
2
3
4
5
6
7
8
9
10
11

	THU 15	FRI 16	SAT 17	SUN 18
12				
1				
2				
3				
4				
5				
6				
7				
8				
9				
10				
11				
12				
1				
2				
3				
4				
5				
6				
7				
8				
9				
10				
11				

<table>
<tr><td>SEPT</td><td>2022</td><td>MON 19</td><td>TUE 20</td><td>WED 21</td></tr>
</table>

S	M	T	W	T	F	S
				1	2	3
4	5	6	7	8	9	10
11	12	13	14	15	16	17
18	19	20	21	22	23	24
25	26	27	28	29	30	

12
1
2
3
4
5
6
7
8
9
10
11
12
1
2
3
4
5
6
7
8
9
10
11

| THU | 22 | FRI | 23 | SAT | 24 | SUN | 25 |

12
1
2
3
4
5
6
7
8
9
10
11
12
1
2
3
4
5
6
7
8
9
10
11

SEPT 2022

S	M	T	W	T	F	S
				1	2	3
4	5	6	7	8	9	10
11	12	13	14	15	16	17
18	19	20	21	22	23	24
25	26	27	28	29	30	

MON 26	TUE 27	WED 28

THU 29	FRI 30	SAT 1	SUN 2

12
1
2
3
4
5
6
7
8
9
10
11
12
1
2
3
4
5
6
7
8
9
10
11

OCTOBER 2022

SUNDAY	MONDAY	TUESDAY	WEDNESDAY
2	3	4	5
9	10 Columbus Day	11	12
16	17	18	19
23	24	25	26
30	31		

SEPTEMBER

S	M	T	W	T	F	S
				1	2	3
4	5	6	7	8	9	10
11	12	13	14	15	16	17
18	19	20	21	22	23	24
25	26	27	28	29	30	

OCTOBER

S	M	T	W	T	F	S
						1
2	3	4	5	6	7	8
9	10	11	12	13	14	15
16	17	18	19	20	21	22
23	24	25	26	27	28	29
30	31					

THURSDAY	FRIDAY	SATURDAY	NOTES
		1	
6	7	8	
13	14	15	
20	21	22	
27	28	29	
□	□	□	
□	□	□	
□	□	□	
□	□	□	
□	□	□	

OCT 2022

S	M	T	W	T	F	S
						1
2	3	4	5	6	7	8
9	10	11	12	13	14	15
16	17	18	19	20	21	22
23	24	25	26	27	28	29
30	31					

MON 3	TUE 4	WED 5

12
1
2
3
4
5
6
7
8
9
10
11
12
1
2
3
4
5
6
7
8
9
10
11

THU	6	FRI	7	SAT	8	SUN	9

12
1
2
3
4
5
6
7
8
9
10
11
12
1
2
3
4
5
6
7
8
9
10
11

S	M	T	W	T	F	S
						1
2	3	4	5	6	7	8
9	10	11	12	13	14	15
16	17	18	19	20	21	22
23	24	25	26	27	28	29
30	31					

MON 10	TUE 11	WED 12
Columbus Day		

12 1 2 3 4 5 6 7 8 9 10 11 12 1 2 3 4 5 6 7 8 9 10 11

THU 13	FRI 14	SAT 15	SUN 16
12			
1			
2			
3			
4			
5			
6			
7			
8			
9			
10			
11			
12			
1			
2			
3			
4			
5			
6			
7			
8			
9			
10			
11			

S	M	T	W	T	F	S
						1
2	3	4	5	6	7	8
9	10	11	12	13	14	15
16	17	18	19	20	21	22
23	24	25	26	27	28	29
30	31					

12
1
2
3
4
5
6
7
8
9
10
11
12
1
2
3
4
5
6
7
8
9
10
11

THU	20	FRI	21	SAT	22	SUN	23

12
1
2
3
4
5
6
7
8
9
10
11
12
1
2
3
4
5
6
7
8
9
10
11

S	M	T	W	T	F	S
						1
2	3	4	5	6	7	8
9	10	11	12	13	14	15
16	17	18	19	20	21	22
23	24	25	26	27	28	29
30	31					

12
1
2
3
4
5
6
7
8
9
10
11
12
1
2
3
4
5
6
7
8
9
10
11

<table>
<tr><td>THU 27</td><td>FRI 28</td><td>SAT 29</td><td>SUN 30</td></tr>
</table>

12
1
2
3
4
5
6
7
8
9
10
11
12
1
2
3
4
5
6
7
8
9
10
11

NOVEMBER 2022

SUNDAY	MONDAY	TUESDAY	WEDNESDAY
		1	2
6	7	8	9
13	14	15	16
20	21	22	23
27	28	29	30

OCTOBER

S	M	T	W	T	F	S
						1
2	3	4	5	6	7	8
9	10	11	12	13	14	15
16	17	18	19	20	21	22
23	24	25	26	27	28	29
30	31					

NOVEMBER

S	M	T	W	T	F	S
		1	2	3	4	5
6	7	8	9	10	11	12
13	14	15	16	17	18	19
20	21	22	23	24	25	26
27	28	29	30			

DECEMBER

S	M	T	W	T	F	S
				1	2	3
4	5	6	7	8	9	10
11	12	13	14	15	16	17
18	19	20	21	22	23	24
25	26	27	28	29	30	31

THURSDAY	FRIDAY	SATURDAY	NOTES
3	4	5	
10	11 Veterans Day	12	
17	18	19	
24 Thanksgiving Day	25	26	

S	M	T	W	T	F	S
		1	2	3	4	5
6	7	8	9	10	11	12
13	14	15	16	17	18	19
20	21	22	23	24	25	26
27	28	29	30			

MON	31	TUE	1	WED	2

12
1
2
3
4
5
6
7
8
9
10
11
12
1
2
3
4
5
6
7
8
9
10
11

<table>
<tr><td>THU</td><td>3</td><td>FRI</td><td>4</td><td>SAT</td><td>5</td><td>SUN</td><td>6</td></tr>
</table>

12
1
2
3
4
5
6
7
8
9
10
11
12
1
2
3
4
5
6
7
8
9
10
11

S	M	T	W	T	F	S
		1	2	3	4	5
6	7	8	9	10	11	12
13	14	15	16	17	18	19
20	21	22	23	24	25	26
27	28	29	30			

MON 7	TUE 8	WED 9

12
1
2
3
4
5
6
7
8
9
10
11
12
1
2
3
4
5
6
7
8
9
10
11

THU	10	FRI	11	SAT	12	SUN	13
		Veterans' Day					

12
1
2
3
4
5
6
7
8
9
10
11
12
1
2
3
4
5
6
7
8
9
10
11

S	M	T	W	T	F	S
		1	2	3	4	5
6	7	8	9	10	11	12
13	14	15	16	17	18	19
20	21	22	23	24	25	26
27	28	29	30			

MON	14	TUE	15	WED	16

12
1
2
3
4
5
6
7
8
9
10
11
12
1
2
3
4
5
6
7
8
9
10
11
12

| THU | 17 | FRI | 18 | SAT | 19 | SUN | 20 |

12
1
2
3
4
5
6
7
8
9
10
11
12
1
2
3
4
5
6
7
8
9
10
11

NOV 2022

S	M	T	W	T	F	S
		1	2	3	4	5
6	7	8	9	10	11	12
13	14	15	16	17	18	19
20	21	22	23	24	25	26
27	28	29	30			

MON	21	TUE	22	WED	23

12
1
2
3
4
5
6
7
8
9
10
11
12
1
2
3
4
5
6
7
8
9
10
11

THU 24	FRI 25	SAT 26	SUN 27
Thanksgiving Day			

	THU 24	FRI 25	SAT 26	SUN 27
12				
1				
2				
3				
4				
5				
6				
7				
8				
9				
10				
11				
12				
1				
2				
3				
4				
5				
6				
7				
8				
9				
10				
11				

S	M	T	W	T	F	S
		1	2	3	4	5
6	7	8	9	10	11	12
13	14	15	16	17	18	19
20	21	22	23	24	25	26
27	28	29	30			

MON	28	TUE	29	WED	30

12
1
2
3
4
5
6
7
8
9
10
11
12
1
2
3
4
5
6
7
8
9
10
11

THU	1	FRI	2	SAT	3	SUN	4

12
1
2
3
4
5
6
7
8
9
10
11
12
1
2
3
4
5
6
7
8
9
10
11

DECEMBER 2022

SUNDAY	MONDAY	TUESDAY	WEDNESDAY
4	5	6	7
11	12	13	14
18	19	20	21
25 Christmas Day	26	27	28

NOVEMBER

S	M	T	W	T	F	S
		1	2	3	4	5
6	7	8	9	10	11	12
13	14	15	16	17	18	19
20	21	22	23	24	25	26
27	28	29	30			

DECEMBER

S	M	T	W	T	F	S
				1	2	3
4	5	6	7	8	9	10
11	12	13	14	15	16	17
18	19	20	21	22	23	24
25	26	27	28	29	30	31

JANUARY 2023

S	M	T	W	T	F	S
1	2	3	4	5	6	7
8	9	10	11	12	13	14
15	16	17	18	19	20	21
22	23	24	25	26	27	28
29	30	31				

THURSDAY	FRIDAY	SATURDAY	NOTES
1	2	3	
8	9	10	
15	16	17	
22	23	24	
29	30	31	
☐	☐	☐	
☐	☐	☐	
☐	☐	☐	
☐	☐	☐	
☐	☐	☐	

S	M	T	W	T	F	S
				1	2	3
4	5	6	7	8	9	10
11	12	13	14	15	16	17
18	19	20	21	22	23	24
25	26	27	28	29	30	31

MON	5	TUE	6	WED	7

12
1
2
3
4
5
6
7
8
9
10
11
12
1
2
3
4
5
6
7
8
9
10
11

THU 8	FRI 9	SAT 10	SUN 11

12
1
2
3
4
5
6
7
8
9
10
11
12
1
2
3
4
5
6
7
8
9
10
11

DEC 2022

S	M	T	W	T	F	S
				1	2	3
4	5	6	7	8	9	10
11	12	13	14	15	16	17
18	19	20	21	22	23	24
25	26	27	28	29	30	31

MON 12	TUE 13	WED 14

<table>
<tr><td>THU</td><td>15</td><td>FRI</td><td>16</td><td>SAT</td><td>17</td><td>SUN</td><td>18</td></tr>
</table>

12
1
2
3
4
5
6
7
8
9
10
11
12
1
2
3
4
5
6
7
8
9
10
11

S	M	T	W	T	F	S
				1	2	3
4	5	6	7	8	9	10
11	12	13	14	15	16	17
18	19	20	21	22	23	24
25	26	27	28	29	30	31

MON 19	TUE 20	WED 21

12 1 2 3 4 5 6 7 8 9 10 11 12 1 2 3 4 5 6 7 8 9 10 11

THU 22	FRI 23	SAT 24	SUN 25
			Christmas Day

12
1
2
3
4
5
6
7
8
9
10
11
12
1
2
3
4
5
6
7
8
9
10
11

DEC 2022

S	M	T	W	T	F	S
				1	2	3
4	5	6	7	8	9	10
11	12	13	14	15	16	17
18	19	20	21	22	23	24
25	26	27	28	29	30	31

	MON 26	TUE 27	WED 28
12			
1			
2			
3			
4			
5			
6			
7			
8			
9			
10			
11			
12			
1			
2			
3			
4			
5			
6			
7			
8			
9			
10			
11			

THU	29	FRI	30	SAT	31	SUN	1
						New Year's Day	

	THU 29	FRI 30	SAT 31	SUN 1
12				
1				
2				
3				
4				
5				
6				
7				
8				
9				
10				
11				
12				
1				
2				
3				
4				
5				
6				
7				
8				
9				
10				
11				

Important Dates

JANUARY	FEBRUARY	MARCH	APRIL

MAY	JUNE	JULY	AUGUST

SEPTEMBER	OCTOBER	NOVEMBER	DECEMBER

Name & Address	Phone & Fax	Name & Address	Phone & Fax

Name & Address	Phone & Fax	Name & Address	Phone & Fax

Expense Tracker

	January	February	March	April	May	June
Fixed Expenses						
Mortgage/Rent						
Utilities						
Total						

	January	February	March	April	May	June
Other Expenses						
Total						
Total Expenses						

	January	February	March	April	May	June
Income						
Total Income						

	January	February	March	April	May	June
Savings						
Total Savings						

Expense Tracker

July	August	September	October	November	December	YTD Total

Expense Tracker

	January	February	March	April	May	June
Fixed Expenses						
Mortgage/Rent						
Utilities						
Total						

	January	February	March	April	May	June
Other Expenses						
Total						
Total Expenses						

	January	February	March	April	May	June
Income						
Total Income						

	January	February	March	April	May	June
Savings						
Total Savings						

Expense Tracker

July	August	September	October	November	December	YTD Total

July	August	September	October	November	December	YTD Total